Un día, de camino al cole te das cuenta de que, donde antes había una vieja casa, ahora hay un enorme agujero en el suelo. Cada vez que pasas por delante ves como crece una gran estructura. Y de repente...

¡HALA!

¡Aparece un enorme rascacielos!
A veces, cuando vas de viaje, visitas edificios muy antiguos que se construyeron hace cientos de años.

Los creadores de estas obras son los **ARQUITECTOS**.

Los arquitectos estudian, idean y diseñan los edificios teniendo en cuenta que van a ser usados por personas. Este oficio es la **ARQUITECTURA**.

Cuando diseña un edificio, el arquitecto tiene que saber primero **para qué se va a utilizar**: no es lo mismo construir una casa para vivir en ella que diseñar un aeropuerto.

El arquitecto tiene que pensar en **LA FUNCIÓN** de la obra.

Tampoco es lo mismo construir un edificio en un lugar muy frío sobre una montaña donde sopla un viento huracanado que construirlo en una playa donde hace mucho calor y donde hay riesgo de terremotos. Los arquitectos tienen que crear edificios sólidos, seguros y duraderos,

...y tener en cuenta **DÓNDE SE VAN A SITUAR**.

Además, los arquitectos son **ARTISTAS** y dan a sus creaciones un **ASPECTO Y ESTILO** que los hacen únicos.

A lo largo de los años, la arquitectura ha ido cambiando con las necesidades de la gente y con el **descubrimiento de NUEVAS TÉCNICAS Y MATERIALES**.

Ahora que ya sabes quiénes son los arquitectos y para qué sirve la arquitectura...

¡NOS VAMOS DE VIAJE POR SU HISTORIA!

Volando, volando, llegamos a... la PREHISTORIA

Los primeros seres humanos sabían que para protegerse de los animales salvajes y del mal tiempo necesitaban un **REFUGIO**.

En España se encuentra la **CUEVA DE ALTAMIRA**, con sus famosas pinturas que representan figuras de animales.

Con el tiempo, empezaron a construir chozas con huesos, pieles y ramas.

> Su primer **HOGAR** fue una obra creada por la naturaleza: **LA CUEVA**.

Los habitantes de un lugar de Escocia llamado **SKARA BRAE** fueron muy listos: aprovechando unos montículos de tierra que ya existían, excavaron debajo y allí crearon sus hogares con camas, cocinas y muebles. Todo de piedra, claro.

Pero la verdadera **ARQUITECTURA** empezó con los **MEGALITOS**, unas construcciones hechas con grandes piedras clavadas en el suelo.

Los megalitos solían construirse en grandes campos abiertos y no se usaban para vivir. Se cree que estos monumentos eran tumbas o servían para marcar tierras.

> El **MENHIR** es un único megalito vertical clavado en el suelo.

> El **DOLMEN** es un megalito formado por varias rocas verticales sobre las que se apoya una gran piedra horizontal.

> El **CRÓMLECH** es un monumento megalítico formado por un grupo de menhires plantados en círculo.

STONEHENGE, en Inglaterra, es uno de los crómlechs más famosos, pero hay megalitos repartidos por todo el mundo.

Volando, volando, llegamos a... EGIPTO

Mientras en muchos lugares del mundo seguían plantando menhires, en Egipto se empezaron a construir las famosas **PIRÁMIDES**. Las más conocidas son las de **KEOPS**, **KEFRÉN** Y **MICERINOS**.

Las pirámides son grandes tumbas donde se enterraba a los faraones, que eran los reyes de Egipto. El interior de las pirámides estaba lleno de pasillos y puertas falsas, como en un laberinto, para proteger la tumba y los objetos funerarios de los reyes.

> Las paredes de la cámara del faraón estaban cubiertas de maravillosos **JEROGLÍFICOS** que contaban historias de Egipto o del faraón, de la vida y de la muerte.

Volando, volando, llegamos hasta... CHINA

Muchos años después, se empezó a construir en China la fortaleza más larga del mundo: **LA GRAN MURALLA**. Esta gran obra servía como protección frente a los invasores de otras tierras.

En China y en otras partes de Asia también se construyeron unos edificios muy singulares: las **PAGODAS**, que son como las tataratataratatarabuelas de los rascacielos. Se usaban para guardar objetos religiosos.

> Durante siglos, poniendo piedra tras piedra con paciencia de chino, lograron terminar la obra.

Volando, volando, llegamos a... GRECIA

Los griegos amaban el conocimiento, la belleza y la perfección. Como sabían mucho de matemáticas, comenzaron a construir edificios donde todo estaba muy bien calculado.

Los arquitectos Ictino y Calícrates construyeron el templo del **PARTENÓN** sobre una colina en la ciudad de Atenas.

El Partenón es un edificio de forma rectangular rodeado por columnas de mármol blanco. Se creó para guardar la enorme estatua de la diosa Atenea.

Los griegos construyeron también muchos teatros, plazas, mausoleos y, por supuesto, grandes estadios donde se celebraron los primeros **JUEGOS OLÍMPICOS**.

Volando, volando, llegamos a... ROMA

La arquitectura romana era muy parecida a la griega. Les gustaba mucho decorar los suelos con mosaicos y las paredes con pinturas.

Los arquitectos siguieron usando columnas y añadieron **ARCOS Y CÚPULAS** sobre pilares o muros.

Los romanos, además, comenzaron a diseñar las ciudades para colocar cada cosa en su sitio: las calles, las murallas, las casas, los baños públicos, los templos, los teatros y las plazas.

En el centro de Roma construyeron el **COLISEO**. A los romanos les gustaba divertirse. Igual que nosotros ahora tenemos cines, teatros, museos o parques de atracciones, ellos tenían anfiteatros como el Coliseo. Allí había espectáculos de gladiadores, carreras de caballos y otras diversiones.

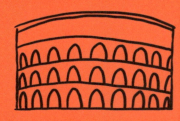

Volando, volando, llegamos a... LA EDAD MEDIA

Durante esta época las guerras eran frecuentes. Los edificios funcionaban como fortalezas, con gruesos muros de piedra y muy pocas ventanas para que no se colaran las flechas. La religión cristiana era muy importante y se construyeron muchas iglesias y monasterios.

Al principio de la Edad Media nació la **ARQUITECTURA ROMÁNICA**.

En **SANTIAGO DE COMPOSTELA** comenzó a construirse la gran catedral donde se guardaban los restos del Apóstol Santiago. Hasta allí, siguiendo el Camino de Santiago, llegaban personas de todo el mundo para visitarlos. Las iglesias románicas eran muy oscuras, así que las paredes se cubrían con pinturas murales de colores muy vivos.

La portada, o entrada principal, se decoraba con esculturas de temas religiosos.

Pero cada vez las iglesias eran más grandes, altas y luminosas. Y así, a lo grande, empezó la **ARQUITECTURA GÓTICA**.

En París se construyó la **CATEDRAL DE SAINTE-CHAPELLE** para custodiar objetos religiosos de gran valor. Sus muros son ligeros y altísimos.

A través de las ventanas con vidrieras y rosetones la luz del sol iluminaba el interior con luces de colores.

En el sur de España, conquistado por los árabes, se construyeron hermosos edificios de **ARQUITECTURA ISLÁMICA**.

La ALHAMBRA DE GRANADA es un conjunto de palacios, jardines y fortalezas y servía como residencia del emir.

Volando, volando, llegamos al... RENACIMIENTO

La palabra *renacimiento* quiere decir «vuelta a nacer». Los artistas de esta época usaron como modelo el arte de los antiguos griegos y romanos.

> Los arquitectos renacentistas añadían **RITMO** a sus obras creando patrones con ciertos elementos, como ventanas y columnas, y pensaban que la **SIMETRÍA** añadía belleza a los edificios.

Algunos de los arquitectos más famosos del renacimiento eran también genios en otras artes. Por ejemplo, **MIGUEL ÁNGEL BUONARROTI** era arquitecto, pintor y escultor. Y **LEONARDO DA VINCI** era además pintor, músico, cocinero e inventor.

En la Ciudad del Vaticano, en Roma, se construyó entonces la **BASÍLICA DE SAN PEDRO** como sede de la Iglesia católica y residencia del Papa. Miguel Ángel fue el arquitecto que encontró la solución para poder construir la enorme cúpula que parece flotar sobre la basílica.

Volando, volando, llegamos al... BARROCO

Con la llegada del barroco se acabó la sencillez.

> En la arquitectura barroca parece que todo esté en movimiento y lleno de elementos decorativos.

Las ventanas son redondeadas, las columnas se enroscan sobre sí mismas, las enormes escalinatas se retuercen hasta el infinito y todo parece estar cubierto de oro, espejos y pinturas.

En el barroco se construyeron grandes palacios rodeados de jardines, fuentes y esculturas como el **PALACIO DE VERSALLES**, cerca de París. Versalles era la residencia de los reyes de Francia y allí vivían unas 4.000 personas.

Volando, volando, llegamos a la... ARQUITECTURA DE HIERRO

Un material, el hierro, que antes sólo se usaba para decorar o hacer piezas pequeñas, se convirtió en la estrella de la nueva arquitectura. ¡Y aparecieron las primeras máquinas!

> En París se construyó la **TORRE EIFFEL** como una de las atracciones de la Exposición Universal.

Miles de piezas de hierro se prepararon en una fábrica y luego se montaron poco a poco, como un gran Lego de metal.

Volando, volando, llegamos a la... ARQUITECTURA MODERNISTA

Sin abandonar las técnicas y materiales modernos, los arquitectos modernistas comenzaron a crear obras inspiradas en la naturaleza.
Estos edificios parecían estar vivos: a veces, los techos eran ondulados como las olas del mar, los balcones estaban cubiertos de hojas y flores de hierro y tras las puertas parecían vivir los enanitos de un bosque encantado.

> En Barcelona, el arquitecto **ANTONI GAUDÍ** comenzó a construir **LA SAGRADA FAMILIA**.

Este enorme templo de piedra está todavía sin acabar, pero cuando lo esté, será la iglesia más alta del planeta.

Volando, volando, llegamos a la... ARQUITECTURA MODERNA

A partir de este momento, los arquitectos crean edificios donde muestran sus emociones y sus gustos artísticos, pero sin olvidarse nunca de la función y belleza de sus obras.

En Alemania, el arquitecto **WALTER GROPIUS** creó la **ESCUELA BAUHAUS**. Este nombre es una combinación de dos palabras alemanas:

> **BAU**, que significa «construcción» y **HAUS**, que significa «casa».

Los arquitectos de la Bauhaus creaban sus obras pensando en su función. Los edificios eran de aspecto sencillo y tenían poca decoración.

Otro arquitecto de esta escuela, **MIES VAN DER ROHE**, construyó casas muy sencillas de una sola planta, pero soñaba con construir algún rascacielos. ¡Y lo hizo! El **EDIFICIO SEAGRAM**, de 37 pisos y cubierto de cristal, es uno de sus sueños hecho realidad.

El arquitecto francés **LE CORBUSIER** pensaba que se podía cambiar el mundo gracias a la arquitectura. Construía casas y edificios donde sus habitantes pudieran vivir feliz y cómodamente.

En Estados Unidos, el arquitecto **FRANK LLOYD WRIGHT** construyó la **CASA DE LA CASCADA** que, como dice su nombre, está plantada sobre una cascada. A través de sus grandes ventanales, la naturaleza se filtra en cada rincón de la casa.

> Para conseguir esto, era importante que las casas tuvieran una terraza con jardín y las ventanas fueran muy grandes para disfrutar de las vistas.

> Su aspecto es muy sencillo y casi transparente, por eso parece formar parte del bosque donde se encuentra.

Y llegamos a la... ARQUITECTURA CONTEMPORÁNEA

En los últimos años, los arquitectos han seguido dando importancia a la funcionalidad, pero en muchos casos han abandonado la sencillez. En Bilbao, el arquitecto **FRANK GEHRY** construyó el espectacular edificio del **MUSEO GUGGENHEIM**.

El exterior recuerda a una escultura cubista: es como si un enorme cubo de metal hubiera estallado en varias piezas y luego se hubiera vuelto a montar con las piezas desordenadas. Pero cada cosa está donde tiene que estar y el arquitecto nunca olvidó la función del edificio: la exposición de obras de arte.

La arquitecta iraquí **ZAHA HADID** construyó edificios con formas muy originales y atrevidas. Para el **CENTRO HEYDAR ALIYEV**, en Azerbaiyán, Hadid creó una obra donde apenas hay líneas rectas y que representa el pasado, el presente y el futuro.

> Parece como un enorme ser extraterrestre que se ha quedado dormido y recibe la visita de personas pequeñitas.

¿Volamos hacia la ARQUITECTURA FUTURISTA?

Nadie sabe qué aspecto tendrán los edificios, pueblos y ciudades del futuro, pero hay una cosa segura: la arquitectura tendrá que ser siempre funcional, sostenible y respetuosa con el medio ambiente.

> ¿CÓMO TE LA IMAGINAS TÚ?